1880 Mars 18

VENTE
Du Jeudi 18 Mars 1880

FUSAINS

PAR

ALLONGÉ

EXPOSITION PARTICULIÈRE

Le Mercredi 17 Mars, Hôtel Drouot. Salle N° 5

(Le présent Catalogue servira de Carte d'entrée)

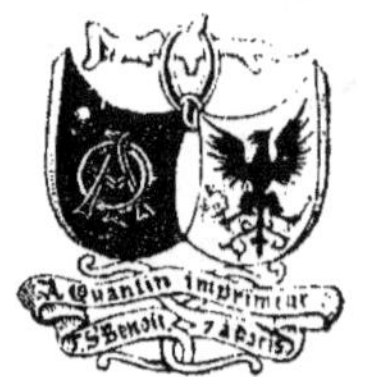
A. Quantin, imprimeur
S. Benoît, 7 à Paris

CATALOGUE

DE

FUSAINS ET AQUARELLES

PAR

ALLONGÉ

TOUTE REPRODUCTION INTERDITE)

DONT LA VENTE AUX ENCHÈRES PUBLIQUES AURA LIEU

HOTEL DROUOT, SALLE N° 5

Le Jeudi 18 Mars 1880

A TROIS HEURES PRECISES

PAR LE MINISTÈRE DE Me Léon **TUAL**, COMMISSAIRE-PRISEUR

59, rue de la Victoire

ASSISTÉ DE **M. Georges MEUSNIER**, EXPERT

27, rue Neuve-Saint-Augustin

EXPOSITIONS

PARTICULIÈRE	PUBLIQUE
Le Mercredi 17 Mars 1880	Le Jour de la Vente
DE 1 HEURE A 5 HEURES	DE 1 HEURE A 3 HEURES

CONDITIONS DE LA VENTE

Elle sera faite au comptant.

Les acquéreurs payeront 5 pour 100 en sus des adjudications, applicables aux frais.

DÉSIGNATION

FUSAINS

1. — Souvenir de la Gorge-aux-Loups.   4 60

   Souvenir of the *Gorge-aux-Loups* (*Fontainebleau*).

2. — Les Bords du Cousin (Bourgogne).

   The Banks of the *Cousin* (*Burgundy*).

3. — Étude de Saules.

   Study of Willows.

4. — Le Ruisseau desséché.

   The dried up Stream.

5. — Le Lit d'un torrent.   — 120

   The Bed of a torrent.

6. — Le Pont de Noisemont.

   The Bridge of *Noisemont*.

7. — Souvenir d'Avallon.

Souvenir of Avallon.

8. — L'Yonne à Châtel-Censoir.

The *Yonne* at Châtel Censoir.

9. — L'Armançon à Tonnerre.

The Armançon river at Tonnerre.

10. — Dans le bois.

In the wood.

11. — Le Bief du moulin Morizot.

The Biefdam of the Mill *Morizot*.

12. — Le Cousin à Méluisien (Bourgogne).

The Cousin river at Méluisien (*Burgundy*).

13. — Le Ru de Montmain.

The Rivulet of Montmain.

14. — Près du moulin.

Near the mill.

15. — Coin de Rivière.

Corner of a River.

16. — Au pied de la Falaise.

At the foot of the Cliff.

17. — Coin de parc.

Corner of a Park.

18. — Sentier de forêt.

Forest path.

19. — Un Étang.

A Pond.

20. — Près du Henri IV.

Near Henry IVth. forest of Fontainebleau.

21. — L'Étang de Mareau, près d'Avallon.

The Pond of Mareau near Avallon.

22. — Le Bief d'un moulin à Semur.

The Bieldam of a Mill at Semur (Côte-d'Or).

23. — Un Ruisseau.

A Stream.

24. — La Source.

The Source.

25. — La Seine à Seine-Port.

The Seine at Seine Port *(Seine-et-Marne)*.

26. — Le petit Pont.

The little Bridge.

27. — Bords de l'Oise à Auvers.

The Banks of the Oise at Auvers.

28. — Source de la Loire.

The Source of the Loire.

29. — Souvenir de la Marne.

Souvenir of the Marne river.

30. — Cour de ferme près Rebay.

Farm-yard near Rebay.

31. — Le Chemin du village.

The Village Road.

32. — Souvenir de Chimay (Hainaut).

Souvenir of Chimay (*Hainaut*).

33. — Une Cascade près de Lormes.

A Cascade near Lormes (*Nièvre*).

34. — Le bourg de Crack.

The Borough of Crack (*Morbihan*).

35. — Cressonnière à Châtel-Censoir.

Cress-bed at Châtel-Censoir.

36. — Près de Sainte-Colombes.

Near Sainte-Colombes (*Yonne*).

37. — Lockmariaker (Morbihan).

38. — Un chemin près de Rebay.

A road near Rebay.

39. — Effet de lune.

Moonlight.

40. — Souvenir de Bièvre.

Souvenir of Bièvre.

41. — La Mer.

The Sea.

42. — Une Passerelle à Méluisien.

A Foot Bridge at Méluisien (*Yonne*).

43. — Sous les Saules.

Under the Willows.

44. — Au Printemps.

In the Spring.

45. — Un Chemin.

A Road.

46. — Souvenir de Noisemont.

Souvenir of Noisemont.

47. — Près de la mer (Bretagne).

Near the sea (*Britain*).

48. — Bords de rivière.

The Banks of a river.

49. — Solitude.

Solitude.

50. — Effet de soir.

Evening.

51. — La Neige.

The Snow.

AQUARELLES

52. — Le Château de Chastellux (Yonne).

The Castle of Chastellux.

53. — Près de Châtel-Censoir.

Near Châtel-Censoir.

54. — Sous bois à Seine-Port.

Under the wood at Seine-Port.

55. — Étude de mer.

Sea Study.

56. — Un Sentier à Seine-Port.

A Path at Seine-Port.

57. — Entrée de forêt.

The Entrance of a forest.

58. — Effet de printemps.

Spring Time.

59. — Les Genêts.

The Heaths.

60. — Nature morte.

Dead Nature.

61. — Souvenir de Fontainebleau.

Souvenir of Fontainebleau.

62. — L'Automne.

The Autumn.

———————✳———————

PARIS. — Impr. J. CLAYE. — A. QUANTIN et Cⁱᵉ, rue Saint-Benoît. — [412]